AF455650

M. LE BARON

FEUILLET DE CONCHES

NOTICE BIOGRAPHIQUE

PAR

M. CH.-L. LIVET

PARIS
TYPOGRAPHIE DE E. PLON, NOURRIT ET Cie,
8, RUE GARANCIÈRE

1888

M. LE BARON

FEUILLET DE CONCHES

Imprimé pour distribution privée.

M. LE BARON

FEUILLET DE CONCHES

NOTICE BIOGRAPHIQUE

PAR

M. CH.-L. LIVET

PARIS
TYPOGRAPHIE DE E. PLON, NOURRIT ET Cie
8, RUE GARANCIÈRE

—

1888

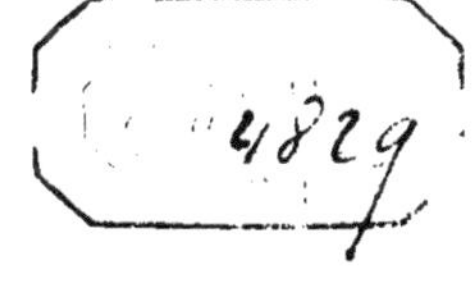

M. LE BARON

FEUILLET DE CONCHES

C'est avec une douloureuse émotion que j'évoque ici le souvenir d'un homme éminent, dont la bienveillance attentive a suivi, encouragé, aidé quelquefois mes travaux pendant trente années, et qui m'a toujours donné l'exemple du respect dû au public et à soi-même.

Le 5 février 1887, M. Feuillet de Conches s'éteignait doucement, entouré de tous les siens, après avoir fait chrétiennement le sacrifice de cette vie à laquelle il était attaché par tant de liens. Son amour du travail et son activité d'esprit prodigieuse l'avaient soutenu jusqu'à l'âge de quatre-vingt-huit ans.

Si les douleurs physiques ont été quelquefois, surtout dans les dernières années, les plus fortes, jamais l'esprit n'a été touché, et cette faculté de s'absorber toujours dans son travail lui a fait traverser, sans qu'il en ait été atteint, les crises politiques, souvent si cruelles, qui se sont déroulées pendant sa longue carrière.

J'ai eu la bonne fortune, dès ma jeunesse, de vivre dans l'intimité d'écrivains illustres, les Villemain, les Cousin, les Ampère, les Sainte-Beuve. M. Feuillet de Conches, sans avoir atteint l'éclat de leur renommée et contribué comme eux à la gloire de l'Académie française, était digne de figurer dans ce groupe de littérateurs honnêtes gens qui n'écrivaient rien sans une étude sérieuse et n'épargnaient ni le temps, ni la peine, ni l'argent même pour donner à leurs œuvres tout ce qu'ils avaient en eux d'intelligence et de savoir.

Je n'oublierai jamais l'impression d'admiration et de respect que m'a laissée ma dernière entrevue avec lui. Je le vois encore, dans l'embrasure d'une des fenêtres de sa bibliothèque, assis devant sa petite table chargée de papiers, entouré de livres et de pièces autographes. « Comme c'est beau, lui dis-je, à votre âge, de travailler encore comme vous le faites ! quel enseignement pour nous autres ! » Il releva la tête, et, sans dire un mot, me jeta un regard rayonnant : il se sentait compris dans la dignité de sa vie si obstinément laborieuse, et je vis qu'il était fier d'avoir mérité un éloge dont il reconnaissait la sincérité.

Félix Feuillet de Conches, né à Paris, le 4 décembre 1798, appartenait à une famille ancienne et considérée, dont la Révolution, nous dit M. de Lescure, ne fit pas les affaires. Un premier mariage avec une Anglaise l'avait allié à l'abbé Burnier Fontanel, docteur de Sorbonne, qui fut directeur du collège des Irlandais, promoteur général du diocèse de Paris, protonotaire apostolique, et enfin administrateur de l'Institut royal des sourds-muets. Feuillet était allié aussi à Félix-Désiré Dehèque, un de nos plus savants hellénistes, dont la fille épousa un autre helléniste non moins érudit et plus célèbre, M. Egger, de l'Institut.

Les deux amis avaient à peu près le même âge; ils eurent la même enfance appliquée et studieuse, la même jeunesse bien remplie par de sérieux travaux. Nous glisserons sur les récits charmants que M. Feuillet de Conches a laissés à quelques amis dans ses *Souvenirs de première jeunesse d'un Curieux octogénaire*, tirés pour eux à un trop petit nombre; nous ne pouvons nous dispenser cependant de rappeler combien l'heureux choix des maîtres qu'on lui donna eut d'influence sur son esprit et son caractère. Si ceux-ci ne firent pas naître en lui les qualités auxquelles il dut d'être toujours aimé et respecté, ils eurent du moins le mérite de n'en pas arrêter, d'en favoriser au contraire le développement. L'éloge qu'il fait de ses premiers instituteurs devient le sien propre.

Il étudia d'abord sous l'abbé Fleury : cet abbé était éclairé, instruit, et l'un des survivants du siècle de la politesse. Personne mieux que son élève ne conserva les traditions d'une courtoisie, d'un savoir-vivre qui semblent aujourd'hui des vertus d'un autre âge.

Il passa ensuite à l'institution Savouré. Le chef de cette maison était la correction et l'honneur mêmes. Son exemple était fait pour inspirer à ses élèves la pratique du devoir, la dignité de la vie, l'austérité dans les principes tempérée par un aimable enjouement. Le jeune Feuillet sut admirablement profiter de ses leçons, qui dominèrent toute son existence.

Aussi, c'est avec un sentiment de profonde gratitude qu'il nous représente son maître vénéré « vantant les vertus du toit paternel, les bons usages qui sont le lien et le ciment des sociétés, les bienséances qui gardent les mœurs publiques, la discipline qui trempe la force, la sage lenteur du travail qui mûrit la moisson; et soufflant à la jeunesse de ces leçons sévères à la fois et tendres qui préparent les âmes fortes et délicates ».

Ces leçons précieuses données à l'enfance s'oublient facilement dans les élans de la jeunesse; on ne s'en souvient que plus tard, lorsque la froide raison en fait le premier fonds de son expérience. Il n'en fut pas ainsi pour le jeune Feuillet; il continua, pendant de longues années après l'avoir quittée, la vie de la pension Savouré.

Son émancipation se borna à creuser davantage ses études premières, dont il reconnut lui-même le peu de profondeur, et à en élargir le cercle.

Un ami de circonstance, qu'il avait rencontré et connu par hasard au Jardin des plantes, un vieil avocat nommé Billard, lui fut alors d'un grand secours : il lui ouvrit sa bibliothèque, qui était plus nombreuse que vraiment riche et homogène. « Billard prêtait à son jeune ami des livres à l'aventure : contes, chroniques, mémoires, littérature, tout un monde confus d'écrits bons ou mauvais, la tour de Babel pour une tête aussi peu formée. »

Le bonhomme Billard, fort intéressant lorsqu'il racontait ses souvenirs, n'avait aucune critique dans l'esprit. — « Vous voulez des livres ? En voici. » Et il laissait faire. L'étudiant perdit, dans ses courses vagabondes à travers les ouvrages les plus disparates, beaucoup de temps qu'il aurait plus fructueusement employé s'il eût eu la bonne fortune d'être guidé dans ses lectures. « Mais trop tôt livré à lui-même, dans sa première enfance, par des parents plus occupés de choses que d'idées et de mots, il était trop jeune, au temps de Billard, pour sentir le besoin d'une méthode, pour se tracer de lui-même une discipline et s'avertir de l'énervante confusion de ses lectures. » Cependant la fréquentation de Billard fut plus utile peut-être au jeune Curieux que celui-ci ne se le figurait; en voici un exemple. En voyant son vieil ami se glisser à l'église comme en cachette pour y remplir ses devoirs religieux, il reconnut combien il était peu enclin aux audaces du libre penseur, et comprit à quel point une fausse honte est contraire au respect de soi-même.

Dès sa première jeunesse, M. Feuillet de Conches fut donc initié à ce sentiment généreux qui prévient tant de sottises, le sentiment de sa dignité. Il le dut à sa bonne nature, à l'éducation du foyer, à l'accueil qu'il reçut dans plusieurs salons distingués, à ses relations enfin avec des hommes de haute valeur dont il avait à cœur de gagner et de conserver l'affection et l'estime.

C'est dans ces salons aussi, au milieu de dames âgées et bien élevées dont il recherchait de préférence la société, qu'il prit cette fleur de politesse, cette distinction de langage, cette courtoisie de manières qui ont fait de lui, avec sa science aimable, un véritable honnête homme dans le sens où l'on employait cette expression au dix-septième siècle.

Un des plus intéressants salons qu'il fréquenta fut celui de madame de Cheminot, où il fit d'utiles et nombreuses connaissances : citons entre autres Lémontey et Viennet. Déjà le Curieux avait le goût des collections, et en particulier des autographes. Pour lui complaire, madame de Cheminot lui en offrit plusieurs, dont un surtout, très long et très important, signé du chevalier d'Éon de Beaumont, donne sur cet étrange personnage des détails tout nouveaux et inédits.

Le jeune étudiant eut l'honneur d'être admis dans des salons d'accès plus difficile; le voici, par exemple, chez Cuvier. La maison du grand naturaliste, au Jardin des plantes, était le rendez-vous, dit-il, de tous les savants, de toutes les éminentes intelligences du monde entier. Quelle heureuse fortune pour un débutant, de se rencontrer, dès son entrée dans la vie, avec des hommes comme les deux Humboldt, les Œrstedt, les Jussieu, Ampère, Arago, Gay-Lussac, Sylvestre de Sacy, Thénard, Brongniart, Guizot, Villemain, Charles Nodier, Andrieux, Denon, et combien d'autres! M. Feuillet de Conches, évoquant les souvenirs de sa jeunesse, se complaisait dans la longue énumération de ces gloires ou de ces célébrités.

Le jeune Feuillet était aussi l'un des familiers du salon du baron Gérard; les artistes les plus illustres du temps, les Gros, les Girodet, les Guérin, les Léopold Robert, s'y pressaient en foule : ce dernier surtout, le peintre des *Moissonneurs*, se lia particulièrement avec le Curieux, qui, plus tard, consacra tout un volume à l'artiste et à ses œuvres. Malgré sa jeunesse, M. Feuillet avait assez d'autorité pour se permettre de présenter des nouveaux venus chez Cuvier ou chez Gérard; c'est ce qu'il fit pour le peintre anglais Henry William Pickersgill, de l'Académie de peinture de Londres, qui avait été envoyé à Paris par sir Robert Peel avec mission de peindre pour sa galerie d'hommes illustres les portraits de Cuvier, d'Alexandre de Humboldt et de Lafayette.

Du salon de Gérard, rue Saint-Germain des Prés, n° 6,

nous suivons le Curieux à Sèvres, et nous pénétrons avec lui dans le salon de Brongniart, alors directeur de la Manufacture de porcelaine. Quelle joie pour lui, si vivement épris de l'art, de trouver là réunis, en même temps que le classique Gérard, les novateurs qui se nommaient alors Ingres, Delacroix, Scheffer, Chenavard, Paul Delaroche, Ziegler, Devéria, et, au milieu d'eux, l'éminent graveur Henriquel-Dupont, demeuré le plus fidèle de ses amis!

« Pas un homme d'étude, pas un grand voyageur, pas un grand artiste, nous dit M. Feuillet, qui ne voulût passer par le salon de Brongniart, ouvert le dimanche. Les ignorants comme le Curieux, ajoute-t-il modestement, y étaient reçus avec bienveillance, et les premiers savants du monde se mettaient à leur portée avec une patience tout aimable. » Ces savants, François Arago, Al. de Humboldt, David Brewster, Melloni, Ampère, avaient sans doute jugé le Curieux digne de leur sympathie et capable de les comprendre : la bonté qu'ils lui témoignaient fait son éloge.

Mais aussi, comme il savait les apprécier! Comme il savait saisir les traits saillants de leur caractère et distinguer la nature propre de leur mérite! On en jugera par cette page charmante où il met en présence, nous dirions presque, où il met aux prises ces deux grands génies, Humboldt et Arago.

« Quant au Méridional Arago, nul n'avait plus d'ardeur ni d'autorité dans le langage. C'était le feu et la foudre, et il s'emparait, bon gré, mal gré, de ses auditeurs, avec sa parole claire, incisive, pareille à ces torrents en tumulte qui s'élancent des rochers avec une sorte de joie impétueuse en paraissant au jour. Génie quelque peu inventeur, encore plus vulgarisateur, il a rendu de grands services par l'admirable talent avec lequel son enseignement et ses écrits ont su populariser la science. Il en a rendu surtout encore comme secrétaire perpétuel de l'Académie, par l'intérêt des correspondances qu'il avait suscitées dans le monde savant, correspondances nourries et fécondes, dont le dépouillement public avait un attrait si piquant et si instructif.

« Un spectacle curieux était de le voir aux prises avec Alexandre de Humboldt. Tous deux également aimaient à parler, et l'un l'autre ils s'épiaient pour saisir le dé de la conversation. Malheur à celui des deux qui suspendait son élan pour reprendre haleine ! La parole allait lui être coupée ; s'il crache, il est perdu ! Ajoutez que Humboldt avait une de ces dictions fluides, sans repos, sans points ni virgules, qui coulait incessamment comme une fontaine. En vain eussiez-vous mis la main pour empêcher l'eau de couler, elle eût jailli entre vos doigts. Le savant voyageur disait, sans contredit, les choses les plus intéressantes, mais d'un ton si uniforme, si monotone, qu'on lui eût volontiers offert le verre d'eau sucrée pour ouvrir le champ libre à l'ardente éloquence de son interlocuteur. »

Élevé dans un tel milieu, le jeune Curieux n'y puisait

pas seulement le sentiment fécond de l'admiration et du respect; il y aurait pris, s'il ne l'avait eu déjà, et il y développa son goût passionné pour le savoir et l'étude. Aussi ne s'en tint-il pas au programme trop restreint que semblait lui imposer la carrière médicale qu'il devait suivre; non qu'il négligeât les sciences nécessaires au futur médecin : la botanique, l'anatomie, la physiologie, la physique, la chimie lui offraient, dit-il, un attrait toujours croissant; mais son activité n'en recherchait pas moins d'autres aliments.

Le dessin surtout l'attachait; il était devenu l'un des élèves assidus de Van Spaendonck, pour qui avait été créée au Muséum d'histoire naturelle une chaire d'iconographie végétale, et qui fut le prédécesseur de Redouté, le célèbre peintre de fleurs. M. Feuillet n'oublia jamais cet enseignement, et ceux qui ont pu voir, notamment, ses dessins à la plume, ont admiré la fidèle précision des détails et le respect des caractères scientifiques uni au charme, à la grâce de l'ensemble.

Dès cette époque, « il était à l'affût des curiosités d'histoire naturelle, des livres, des estampes, des lettres autographes, et l'on comprend, ajoute-t-il gaiement, qu'il lui restât peu de temps pour bayer aux corneilles et à la lune ». La lune! par quels arguments trébuchants et sonnants aurait-il pu la séduire, lui qui pouvait justement s'appliquer le mot d'Érasme : « J'achetai d'abord Homère, et plus tard des habits »; qui trouvait le temps, en allant de l'École de droit à la Sorbonne, d'apprendre à relier les cahiers de ses cours chez un relieur bouquiniste du passage Saint-Étienne des Grès, lui qui plus d'une fois peut-être, ruiné par ses achats, dîne de sommeil, selon son heureuse expression ?

La jeunesse de M. Feuillet de Conches fut toute, ou presque toute, de labeur consciencieux et persévérant. Il lui fallut, pour l'occuper aussi dignement, une force de volonté qui, en pareille matière, nous reporte à plusieurs siècles dans le passé.

Où trouverait-on de nos jours deux jeunes gens, comme Feuillet de Conches et Bompart, son condisciple à l'École de droit, assez sages à vingt ans pour reconnaître l'inanité de leurs études de lycée, les reprendre et les poursuivre pendant plusieurs années ? Toutes leurs soirées, hormis celles du jeudi et du dimanche, étaient consacrées à écrire des analyses et des traductions d'auteurs anciens : « ils repassèrent de la sorte Virgile, Horace, Juvénal, la *Cité de Dieu* de saint Augustin, l'*Athis* et *Thétis et Pélée* de Catulle, les *Élégies* du virgilien Tibulle, et le Curieux traduisit en entier par écrit l'*Agricola* de Tacite et les deux premiers livres des Odes d'Horace. » Plus tard, ce fut à Tite-Live et à Cicéron qu'ils s'attaquèrent. L'abbé Fleury, premier maître du jeune Feuillet, le savant Ozaneaux, Lémontey, assistèrent plus d'une fois à ces agapes littéraires, et prêtèrent aux courageux étudiants le concours de leur expérience et de leur savoir.

Ozaneaux ne fut pas seulement pour les deux amis.

Feuillet de Conches et Bompart, un guide qui les dirigea dans leurs études latines. Persuadé qu'à écrire des vers, fussent-ils mauvais, on apprend à faire de bonne prose, il engagea Feuillet de Conches, qui était son élève, à essayer de la poésie comme gymnastique littéraire. Il s'appliqua aussi à lui « communiquer son admiration pour les vieux auteurs français du seizième siècle, qui ont une verve native si puissante. Il le conquérait à la langue savoureuse du bon vieux temps, en passant par les anciens. »

Les deux amis eurent d'autres maîtres qu'Ozaneaux. François de Neufchâteau leur apprit à faire un choix, à suivre un ordre dans la lecture de nos vieux auteurs; Lechevalier et Dussault leur prodiguèrent de précieux conseils, toujours suivis avec un zèle dont peut donner une idée la seule table des noms des écrivains du seizième et du dix-septième siècle dont les œuvres furent étudiées, analysées, discutées et jugées dans ces heures du soir qui ont laissé un souvenir si charmant, jusque dans son extrême vieillesse, à M. Feuillet de Conches.

Si les soirées étaient réservées à la littérature, les journées elles-mêmes n'étaient pas moins occupées par des études d'une utilité plus pratique. Il suffit de lire dans les *Souvenirs d'un octogénaire* la longue liste des professeurs dont le Curieux suivait les cours soit à l'École de médecine, soit à l'École de droit, pour se rendre compte de la forte éducation qu'il imposa à son intelligence. Les portraits qu'il trace de ses maitres, les appréciations qu'il donne de leur caractère, de leur enseignement, sont des pages qui resteront nécessaires à l'histoire de la médecine au temps de la jeunesse du Curieux.

Malgré ses succès un peu prématurés dans la carrière médicale, « il gémit qu'une autre carrière, imposée à ses goûts, l'ait éloigné, au bout de quelques années, de la médecine ». Il avait eu cependant, à l'âge de seize ans, « la gloire d'être reçu chirurgien sous-aide requis », au Val-de-Grâce, « vu l'urgence des besoins et l'affluence des malades » : cet encouragement resta stérile, et notre futur médecin devint un futur diplomate.

« Alors, en effet, qu'il quitta ses études chéries de la médecine, il fut admis au ministère des Affaires étrangères par la bienveillance du prince de Talleyrand ; il avait été recommandé à ce prince par un chef de bureau à ce ministère, M. Brûlé, qui, pendant la Convention, avait sauvé la vie au père du Curieux. »

Le jeune Feuillet s'envola donc vers de nouvelles clartés... Mais comme le département des Relations extérieures est celui où il faut le mieux savoir se taire, l'auteur des *Souvenirs* nous laisse peu d'indices qui nous permettent de le suivre dans sa nouvelle carrière.

C'est par lui cependant que nous apprenons les voyages qu'il fit comme complément de ses études : les impressions qu'il rapporta d'une excursion en Angleterre où il eut pour compagnon son fidèle Bompart, témoignent d'une sympathie non moins vive pour les

Anglais que pour leur île. Aussi le jeune Curieux prit-il l'habitude d'aller presque tous les ans « dans ce pays si instructif et si bien réglé » ; lui et son ami y contractèrent des amitiés qui ne furent point passagères, et qui leur ont donné la preuve « de la solidité de caractère et d'esprit de nos voisins ».

Après avoir visité Londres, Brighton, l'île de Wight, Portsmouth, les deux amis, emportés par une passion commune, voulurent jeter leur ligne dans cette fameuse Dove, la reine des rivières : ils y trouvèrent le célèbre chimiste Humphrey Davy, un des plus fervents pêcheurs des Trois-Royaumes, digne émule d'autres savants français, épris des mêmes goûts innocents, les Wurtz, les Péligot, les Regnault, les J.-B. Dumas, les V. Cornil, sans parler des financiers, comme le comte Pillet Will.

Les voyages en Angleterre ne furent pas, disent les *Souvenirs*, les seuls qu'il fut donné au Curieux d'accomplir. Il visita Dresde, Munich, Francfort, Prague, Vienne : là, il fut reçu avec la plus flatteuse bienveillance par le prince de Metternich, qui eut la bonté de lui lire le chapitre de ses Mémoires où il fait le récit de sa dernière entrevue avec Napoléon Ier à Dresde.

Après l'Allemagne, l'Autriche hospitalière, la Hongrie, la Russie, enfin toute l'Italie du Nord et du Midi laissèrent au Curieux, avec des souvenirs qu'il conserva toute sa vie, des enseignements dont son esprit observateur et sérieux sut tirer grand profit : « les notes recueillies sur toutes ces excursions, dit-il, rempliraient plusieurs volumes in-8° ». On peut juger par là de la richesse de son butin.

Conversations avec des hommes célèbres, portraits de personnages en vue, descriptions de villes et de pays, caractère des populations, études artistiques surtout : tel est l'objet principal de ces notes, que le Curieux s'est borné à compulser pour écrire ses intéressants *Souvenirs de première jeunesse.*

Mais ce ne sont pas seulement des notes qu'il rapporta de ses voyages. Cherchant, furetant, bouquinant, faisant une chasse passionnée aux autographes, pour lesquels son goût s'était révélé dès 1817, il fut plus d'une fois heureux dans ses trouvailles.

En mêlant aux souvenirs de sa vie privée des actes qui touchent par certains points à la grande histoire, on voit combien il aurait été facile au Curieux de s'élever jusqu'au rôle d'historien et de laisser des *Mémoires :* qui donc a été mêlé à plus d'événements dans le cours d'une vie mieux remplie ? Nous avons eu l'espoir de trouver dans ses papiers des documents de ce genre; notre espoir se fondait sur les lignes suivantes : « Si le Curieux écrivait personnellement des Mémoires, et *peut-être l'a-t-il fait,* il aurait beaucoup à dire sur les autres, car il a beaucoup vu dans sa longue carrière. » Mais nous tenons de source certaine que M. Feuillet s'est borné à ses *Souvenirs de première jeunesse.*

Avec une modestie exagérée, il dit encore : « Si l'on

écrivait sur le Curieux des Mémoires, ils pourraient se résumer en quelques mots : Il naquit, vécut et mourut. » Ce serait trop peu : il faudrait dire encore qu'il vécut aimé et estimé, qu'il rendit de grands services à son pays dans de hautes fonctions, qu'il a formé des collections d'un prix inestimable, et qu'il a laissé des ouvrages qui lui assurent un rang élevé parmi nos écrivains les plus distingués.

Pour ne parler que de ses *Souvenirs*, il n'est pas de lecture plus attrayante; partout le présent y coudoie le passé; les anecdotes piquantes y abondent; une érudition aimable et facile y sème les rapprochements les plus imprévus, les comparaisons les plus saisissantes entre différentes époques; à chaque page se glisse, avec un charme exquis, un enseignement qui n'a rien d'importun.

Médecine, botanique, histoire de l'art et de la littérature, le Curieux sait tout et dit tout; cet octogénaire revêt pour nous ses vingt ans, et c'est merveille de voir quel intérêt il a pris, quel intérêt il donne à tout ce qu'il a vu, avec quelle fidélité de mémoire il a conservé et reproduit les traits les plus délicats, les plus insaisissables des personnages qu'il nous représente.

Et quel bonheur d'expression dans le style simple et plein d'élégante bonhomie de ce causeur charmant dont l'esprit semble aiguisé par la bonté! Écoutez-le parler de madame Brongniart : il éprouve, devant le grand âge de cette noble femme, « un attendrissement qui est plus que le respect ». Écoutez-le, parlant d'une simple tigelle de plante décrite par Jussieu dans une herborisation : « Elle s'amuse à faire bois, s'assoit à l'aise, s'allonge, s'enroule chaque année d'une couche nouvelle, et jette un jour, à plaisir, des bras et des mains chargés de bourgeons et enfin de la sainte beauté des fruits. »

A chaque page, à chaque ligne, on est arrêté par ces traits exquis, dont on est délicieusement surpris. Parfois, cette âme tendre se laisse aller à une émotion qui nous gagne : « O jeunesse! jeunesse! Avril et mai! Vertu si charmante, heureuse de tout, contente de rien! Lumière empourprée de nos premiers soleils, félicité enivrante qui donne aux jours la rapidité des instants, et aux instants la valeur des siècles! Quel trésor le plus souvent jeté à tous les vents du ciel! Une heure, une heure, ô jeunesse! un moment, écoutez la leçon de l'âge! Si vous saviez comme on frémit, comme on tremble, comme le cœur bat, quand vous déployez vos ailes! Si vous saviez comme on vous aime!... »

A qui pensait-il, quand il se laissait emporter par cet élan du cœur? A tous les jeunes, sans doute, mais surtout à sa famille bien-aimée. C'est à ses enfants qu'il dédie les *Souvenirs d'un octogénaire*. Nous ne pouvons résister au plaisir de copier ici quelques lignes de sa touchante dédicace :

« J'avais dédié, dit-il, ma première édition à mon condisciple Ambroise Adam, le sénateur, dont la vieille amitié me tient au cœur; c'est à vous que je veux adresser ma nouvelle édition, heureux d'avoir une occasion de vous remercier des soins que vous prodiguez à mon grand âge. Si j'ai soutenu vos premiers pas dans la vie, vous vous montrez de vraies Antigones pour votre vieux père, et vous me soutenez à votre tour dans les pas difficiles. Je suis le passé, vous êtes l'avenir. O le bon temps que celui où je vous voyais voltiger autour de moi comme des passereaux! Vous étiez mes gaies bergeronnettes, mon rayon de soleil dans mon été. Vous naviguiez à ravir dans cette marée toujours montante de livres roulant partout dans mon cabinet. et chacune de vous y savait trouver son nid d'alcyon...

« Je remercie la Providence, qui a béni ma maison en y maintenant le bon accord et la paix. Vous avez reconnu, mes enfants, que ce n'est pas du dehors que vient le bonheur, que ce n'est pas le plus ou moins d'éclat intérieur qui l'assure, mais l'union au sanctuaire du foyer, mais la modération dans les désirs, mais l'accomplissement de tous les devoirs.

« Il sort du foyer domestique je ne sais quel parfum qui sent l'Évangile. Ce qui, dans mes souvenirs, fait le charme de la maison paternelle, c'est l'impression qui me reste des premiers sentiments dont mon âme fut imbue, ce sont les délicieuses soirées où, tous rassemblés autour de la table de chêne, nous écoutions la lecture faite de la bouche de ma mère. Qui aurait osé l'interrompre? Comme nous étions suspendus à ses lèvres! Et quel honneur, quel encouragement et récompense que d'être appelé à la suppléer! Quelle joie quand, à la Saint-Philibert, la bonne vieille tante revêtait son costume national de Bresse, et nous chantait avec onction, de sa voix chevrotante, les naïfs cantiques composés par elle, paroles et musique, en l'honneur de la sainte Vierge! J'en sais encore quelques couplets, qui me reviennent comme une consolation aux jours de rhumatisme et de fièvre. Mais que dirait-elle si elle pouvait entendre comme j'en mets mal l'air sur les paroles!... O les saintes femmes! Elles font mieux de rester sous la pierre qui les couvre; où serait leur place aujourd'hui? Que vos grâces et vos vertus me protègent! »

Cette page délicieuse, si pleine d'émotion et de tendresse, précède l'affectueux éloge de ses deux Antigones, ses deux filles si dévouées, et de madame Feuillet de Conches, toujours si pieusement consacrée et à son mari et à ses enfants (1).

C'est au milieu de cette famille chérie, dont l'union lui était si précieuse, que M. Feuillet de Conches prépara les publications ou écrivit les nombreux ouvrages qui nous restent comme un témoignage de son savoir consciencieux et de sa laborieuse activité. Avait-il besoin d'un livre? ses filles étaient là qui, sans le chercher, savaient le trouver et n'avaient pas à faire attendre leur vieux père. Elles étaient ses bibliothécaires, mais non

(1) De sa première femme, M. Feuillet avait eu un fils qui, né en 1824, mourut en 1842, à l'âge de dix-huit ans.

ses secrétaires, car tous ses ouvrages sont écrits de sa belle et large écriture : et combien de fois remis sur le chantier, avant qu'il les jugeât dignes du respect qu'il portait à ses lecteurs! Il faut avoir vécu dans son intimité pour savoir combien de lignes il biffait dans une page, combien de pages il déchirait dans un chapitre, combien peu il plaignait sa peine pour faire, défaire, refaire des volumes entiers avec une inaltérable patience. Et comme il consultait volontiers ses amis! avec quelle docilité, exagérée, je dois le dire, il provoquait leur critique et acceptait leurs avis! Il ignorait la fausse honte qui fait qu'on hésite à demander ce qu'on ne sait pas aux hommes spéciaux qui le savent. M. Egger aurait pu dire quelle confiance avait en lui son vieil ami, et il n'est pas jusqu'à l'auteur de cet écrit qui n'ait eu plus d'une fois l'honneur d'être consulté par ce maître trop modeste. Aussi, je ne crois pas qu'il soit facile de trouver des erreurs dans tous ceux des ouvrages de M. Feuillet qui touchent à l'érudition, ni des fautes de goût ou de style dans ses écrits.

Le plus ancien ouvrage que nous connaissions de M. Feuillet de Conches est *Léopold Robert, sa vie, ses œuvres et sa correspondance*, 1 vol. in-12, publié en 1845, et qui eut en 1854 une seconde édition. L'auteur, qui avait beaucoup connu Robert, était, mieux que personne, à même de retracer la vie si bien remplie de son ami, d'apprécier ses œuvres, de les expliquer par les circonstances où elles se sont produites ou par la correspondance du maître. Sa vie, si tristement abrégée, se présente avec tout l'intérêt d'un roman; les nombreux documents sur l'œuvre sont des pages précieuses pour l'histoire de l'art.

Il donna ensuite, en 1848, *Méditations métaphysiques et correspondance de Malebranche avec Dortous de Mairan,* 1 vol. in-8°.

Ce livre, intéressant pour les philosophes, a son histoire. Les lettres qui le composent avaient figuré sur un catalogue de vente, et quatre Curieux étaient disposés à se les disputer. Trois d'entre eux s'entendirent, M. de Chassiron, M. de Châteaugiron et Feuillet de Conches, pour acheter le recueil à frais communs, au lieu de se faire une concurrence ruineuse; après la vente, les trois amateurs feraient décider par le sort lequel d'entre eux deviendrait l'heureux possesseur des précieux autographes. — Et le quatrième? — Le quatrième, grand écrivain, philosophe très contesté, mauvais homme, M. Cousin, n'avait pour la possession du manuscrit qu'une passion toute platonique. Ce qu'il désirait, c'était le connaître, l'étudier; le posséder, non.

Quand il sut que les enchères avaient été favorables à M. Feuillet de Conches, il lui demanda communication de son emplette.

M. Feuillet, qui livrait au ministère de l'Instruction publique des centaines de lettres de Henri IV pour la collection des Documents historiques, qui prêtait à M. Théophile Lavallée jusqu'à huit cents lettres de madame de Maintenon pour les publier, qui, en un mot, n'avait rien à lui, remit celles de Malebranche au savant académicien.

Quelle fut sa surprise quand il apprit que M. Cousin, convoquant le ban et l'arrière-ban de ses secrétaires bénévoles et gratuits, les faisait porter à l'Imprimerie nationale, d'où elles devaient sortir publiées dans le *Journal des savants!* Il les réclame; il ne veut pas que ses autographes, déflorés par un tiers, perdent presque toute leur valeur; démarches sur démarches sont longtemps inutiles. Enfin il obtient son précieux dépôt, quelques jours seulement avant la distribution du journal; mais le rôle de dupe ne lui convient pas : en faisant travailler jour et nuit son imprimeur, il arrive à prévenir l'Imprimerie nationale elle-même, et son volume paraît assez tôt pour que le comité du *Journal des savants* pût arrêter une publication devenue inutile. Les feuilles composées furent mises au pilon, et M. Cousin eut la honte et le ridicule de sa mauvaise action sans en avoir le profit. Il y gagna cependant, sans frais, un exemplaire de la publication de M. Feuillet, qui lui en offrit le premier.

En 1851, une attaque, inspirée sans doute par un sentiment honorable, mais lancée d'une manière singulièrement inconsidérée, vint troubler le Curieux dans la possession d'autographes acquis à grand'peine et à grands frais. M. Feuillet de Conches y fit la réponse indignée d'un honnête homme injustement soupçonné, et appuya son dire d'arguments solides, irréfutables.

Voici comment il expose lui-même l'affaire :

« J'ai à répondre devant le tribunal civil à M. Naudet, administrateur général de la Bibliothèque nationale, qui m'intente un procès en revendication d'une lettre autographe de Montaigne, que je possède depuis trente ans, dont l'indication nominale et descriptive n'existe sur aucun catalogue, sur aucune note du dépôt, une lettre qu'on suppose avoir été arrachée, au temps jadis, d'un volume de la collection Dupuy, et que cependant aucun caractère extérieur ne rattache à une propriété de l'État. »

Cette lettre, qui depuis 1820 faisait l'honneur de sa collection, M. Feuillet la tenait de Lémontey, de l'Académie française, que Napoléon avait chargé, dès 1808, d'écrire l'histoire de France durant le dix-huitième siècle, et qui, dit non sans malice M. Feuillet, ne commença à tenir parole que sous la Restauration. Dans sa jeunesse, le Curieux avait fait pour lui, aux Archives des Affaires étrangères, beaucoup de recherches, d'analyses et de copies. Connaissant le goût de son auxiliaire désintéressé pour les autographes, sachant qu'il n'aurait pas accepté d'argent, il lui fit cadeau de la lettre de Montaigne et de quelques autres pièces.

Tout fier de pouvoir montrer une aussi précieuse relique, M. Feuillet en fit volontiers parade. Il la communiqua à des amateurs plus expérimentés que lui, qui envièrent son bonheur. Quatorze ans plus tard, en

1834, il permit à madame veuve Delpech, éditeur de l'*Iconographie française*, d'en donner un fac-simile.

Mais déjà, de 1821 à 1823, avait paru dans une *Galerie française*, qui l'avait reproduite par la lithographie, la même lettre. Comment le lithographe se l'était-il procurée ? Ce point est resté obscur, mais son affirmation, évidemment erronée, était fort claire : l'original avait été copié à la Bibliothèque nationale. Où ? quand ? comment ? Pressé de questions, le lithographe ne produisit que des assertions qui, au dire d'un des plus considérables parmi les conservateurs de la Bibliothèque nationale, M. Letronne, « ne signifiaient rien ».

Le procès n'en suivit pas moins son cours. Ce que M. Naudet, administrateur général de la Bibliothèque nationale, réclamait du tribunal, ce n'était pas, — avons-nous besoin de le dire ? — un jugement portant la plus légère atteinte à l'honorabilité de M. Feuillet de Conches. Sa thèse était celle-ci : une lettre de Montaigne, appartenant à la Bibliothèque nationale, c'est-à-dire à l'État, est entre les mains d'une tierce personne; les droits de l'État étant imprescriptibles, nous en demandons la restitution, quels que soient les possesseurs antérieurs des mains desquels elle serait passée à X...

Un premier point était à prouver, c'est que la lettre avait appartenu à l'État; un second, c'est que, dans l'espèce, le possesseur n'était pas fondé à invoquer la prescription.

M. Feuillet, fort de son droit, renonça généreusement

au bénéfice de la prescription. Le jugement porta donc sur la seule question de fait : le tribunal « déclara M. Naudet non recevable en sa demande », et, qui plus est, « le condamna aux dépens ».

M. Naudet fit appel ; si fortement motivé que fût le jugement de première instance, il ne fut pas confirmé par la cour, et M. Feuillet dut faire remise à la Bibliothèque d'une pièce dont il avait tant de raisons pour se croire légitime possesseur.

C'est sur une sorte de factum publié par M. Achille Jubinal, à qui M. Feuillet de Conches avait obligeamment communiqué la pièce en litige, que l'action avait été intentée. Sans doute une si douloureuse expérience va le rendre plus prudent ; il sait ce qu'il en coûte pour montrer ses autographes, et il va les cacher avec soin, comme un avare son trésor, et s'en réservera la jouissance solitaire. On connaîtrait mal la générosité du Curieux si on lui prêtait un tel sentiment. Écoutez-le : « L'étrange usage fait de mon hospitalité, dit-il, ne me déniaisera cependant pas, ni ne me portera à changer de conduite : il n'est point dans mon humeur de cacher sous le boisseau la poussière historique que le temps a tamisée chez moi. Que si, dans le nombre des allants et venants, il s'en trouve un qui prenne l'empreinte du fermoir de ma cassette à autographes, je m'en soucie peu : je suis assez fort des lettres patentes données par les ventes publiques ou amiables à mes collections, pour ne point m'en alarmer. »

Mieux que personne, celui qui écrit ces lignes peut attester que ce n'étaient pas là de vaines paroles; car, plus d'une fois, M. Feuillet a mis entre ses mains les plus précieuses pièces de ses collections. Et que d'incomparables raretés il a vues chez le grand Curieux! Nous aussi nous avons prononcé le mot, qui est le premier, dit M. Feuillet, qu'arrache à tout spectateur son admiration: « Où a-t-on pris tout cela? »

Où? le Curieux nous l'apprend: « On a eu tout cela avec le temps, qui, s'il détruit, sait aussi édifier: on a eu tout cela par la puissance attractive d'une idée fixe, par la persistance de la volonté pendant trente à quarante années: on a eu tout cela comme la fourmi meuble son grenier d'hiver; on a eu tout cela sou à sou, comme ces gens à vie économe et sévère qui laissent des sommes fabuleuses après leur mort. »

« La puissance attractive de la volonté! » Cette force, M. Feuillet de Conches l'eut au plus haut degré, et elle fut doublée par cette sorte particulière de bonne fortune que connaissent tous les collectionneurs, et qu'ils ont tant de plaisir à rappeler comme leur plus utile auxiliaire.

Il ne faudrait pas croire cependant qu'il suffit d'aimer les collections pour pouvoir les former: l'argent, là comme ailleurs, est le nerf de la guerre: le temps est son second. Mais il faut plus encore, il faut savoir s'aider soi-même, si l'on veut être aidé du ciel.

Ce n'est donc pas à la chance, au temps, à l'argent seuls que le Curieux dut ses célèbres collections: laissons à sa volonté persévérante, à son expérience, à ses relations même une part dans ses succès.

A côté de sa collection d'autographes, voici un joyau inestimable : un La Fontaine illustré.

L'histoire en est trop intéressante et fait trop d'honneur au goût éclairé du Curieux pour que nous l'omettions ici. Lui-même va nous la dire (1).

« Je songeais à réaliser, non sans m'effrayer un peu des difficultés qui en allaient sortir, une pensée qui me préoccupait depuis longtemps, de former pour moi un exemplaire unique de La Fontaine orné de dessins de tous les pays, sorte de musée de tous les peintres et dessinateurs, faisant tomber sous un même coup d'œil l'ensemble de tous les goûts, de tous les styles d'une époque, un monument élevé par mon admiration à l'écrivain le plus rare, avec Bossuet et Molière, du siècle de Louis XIV.

« Il fallait la situation où je me trouvais aux Affaires étrangères pour rendre possible l'accomplissement de mon dessein. Quand un ambassadeur, un ministre plénipotentiaire, un consul partait pour son poste, je lui remettais des feuilles avec des analyses des fables dans la langue du pays où il se rendait...

« Je choisis pour base le grand papier de l'édition des classiques de Lefèvre, cet admirable éditeur artiste, qui a rendu de si grands services à la littérature française

(1) Dans les *Souvenirs d'un octogénaire*.

et à qui on oublie trop d'attribuer une suffisante justice. J'en fis coller six exemplaires pour être en mesure de parer aux pertes, quand je ferais des envois à l'étranger, et partout, dans les œuvres complètes, fables, contes, etc., partout où les hasards de la typographie de Jules Didot et des notes de Walckenaer avaient laissé du blanc, je fis exécuter des dessins à Paris, à Londres, en Belgique, à Rome, en Suisse, à Vienne, à Saint-Pétersbourg, à Munich, en Angleterre, en Orient, en Abyssinie, en Amérique, sur les feuilles mêmes du texte, choisissant ou faisant choisir les artistes suivant les sujets.

« J'avais adopté le format in-8°, parce qu'un plus grand eût rendu l'exécution impossible, ou du moins d'une difficulté inabordable et trop coûteuse. J'envoyai de ces feuilles à la Chine, au Japon, aux grandes Indes, à Constantinople, au Caire. Tout alla à merveille dans ces régions sacrées où naît l'aurore si amoureuse des fictions, et des dessins charmants m'arrivèrent triomphants. Les dessins français et anglais sont presque tous à la plume, un seul français est à l'aquarelle...

« La littérature ne pouvait manquer à cette fête de La Fontaine. Chateaubriand, madame Tastu, Silvio Pellico, Béranger m'ont envoyé des pages originales affirmant leur admiration... »

M. Feuillet de Conches dessinait lui-même très bien. Ceux-là peuvent dire à quel point il est fin, délicat et toujours dans un style approprié au sujet, qui ont vu les admirables *Heures* tracées de sa main pour sa chère fille Sara-Marie.

Tous ces travaux de longue haleine, mais qu'il pouvait prendre et quitter à son gré, étaient la distraction de ses rares loisirs. Son temps n'était pas seulement occupé par les exigences de ses hautes fonctions au ministère des Affaires étrangères; travailleur infatigable, il se jetait à corps perdu dans des ouvrages multiples, du caractère le plus différent : ainsi, c'est pendant qu'il préparait sa publication des *Lettres* de Marie-Antoinette qu'il surveillait l'impression de ses *Contes d'un vieil enfant.* Lui-même, répondant à une lettre où je lui écrivais que j'avais acheté ce livre, m'en apprit l'histoire :

« 30 octobre 1882. Mon cher ami, vous m'avez fait beaucoup d'honneur en achetant mon vieux bouquin des *Contes d'un vieil enfant.*

« Ce livre s'est fait singulièrement.

« J'avais conté ces petits récits à mon fils, et il m'avait prié de les écrire. Je me rendis à son désir. Un jour ma fille, trouvant ce volume, me demanda si elle pouvait le lire; vous devinez ma réponse. Le propriétaire de la Librairie nouvelle, le même qui est mort il y a une quinzaine de jours, vint me voir pour me demander à éditer mes lettres de Marie-Antoinette. A ce moment, c'était à qui me ferait cette demande. Ma fille était présente; elle lui dit : « — Vous êtes éditeur de livres? Eh « bien, j'en aurais un à vous donner à imprimer. — Mon- « trez-moi le manuscrit. » Elle lui remit le petit volume.

— « Je l'imprimerai, lui répondit-il. — Bien ; mais il y a « des conditions. Je désire qu'il soit imprimé in-8°, avec « de belles images. — Vous serez obéie. »

« Le livre parut au jour de l'an, et il eut un tel succès que l'année suivante l'éditeur vint me proposer d'en faire une seconde édition. Je retouchai la première. Cette seconde est la seule bonne. Est-ce celle-là que vous avez ? »

Précisément c'est cette seconde édition que la chance des collectionneurs avait mise entre mes mains, mais que M. Feuillet de Conches lui-même n'aurait pu me procurer, car il ne lui en restait plus un seul exemplaire.

Le volume, délicieusement illustré par Edmond Morin, est précédé, comme au bon vieux temps, d'une épître dédicatoire : « A mes enfants. »

Dans cette dédicace, le bon M. Feuillet ose avouer son faible pour les contes : « Je soupçonne que je partagerais encore le plaisir extrême du bon La Fontaine si *Peau d'âne* m'était conté. » Et comme il a raison de protester contre le rigorisme puéril de ces moralistes austères, qui, bercés avec des contes de la Mère l'Oie, sans en avoir été plus mauvais pour cela, les condamnent et ne veulent pas les permettre à leurs petits-enfants !

« Je suis surtout bien loin des scrupules de certains esprits qui trouvent ces contes trop futiles, même pour les enfants, et qui craignent qu'il ne leur en reste des idées fausses, de même qu'à la lecture des fables de La Fontaine.

« En vérité, je ne jurerais point qu'il ne se fût trouvé, dans mon enfance, un jour où je n'aie cru bien sincèrement à Maître Corbeau et à Jean Lapin, au Chat botté et au Petit Poucet. Dans tous les cas, ils m'ont infiniment diverti. La séduisante et dramatique simplicité des contes de bonne femme de Perrault, où quelques traits délicats, échappés au hasard de la plume, font sentir plus tard combien il est supérieur à ce qu'il écrit ; le profond sentiment de la nature chez La Fontaine, son bon sens suprême, sa puissance pittoresque et saisissante de style, qui appelle toutes les beautés du discours, sa bonhomie qui conserve sa foi naïve dans ses propres récits, expliquent à merveille que tous les personnages de ces deux auteurs soient autant de réalités vivantes pour l'enfance. Où est le mal ? Les chagrins de Sara-Marie à la lecture de l'Agneau et du Chaperon Rouge mangés par le Loup, ne lui ont pas, que je sache, altéré le caractère, et je ne me sais pas mauvais gré de ce qu'elle a pris alors à partie le loup du Jardin des plantes. Eh ! bon Dieu ! que parlons-nous de fables et de contes ? N'en fait-on pas plus tard aux hommes des milliers qui sont bien autrement dangereux ? »

Cette page charmante, pleine de cœur et de bon sens, avec la pointe de malice qui la termine, voilà M. Feuillet de Conches. Dans tout son recueil de contes vous le retrouverez avec sa bonhomie volontairement crédule, sans être dupe. Comme l'aimable Perrault, on le sent supérieur à son sujet, et l'on peut dire de lui ce qu'il disait du bon Tastu : « Il avait la science et la simplicité, ces deux forces extrêmes de l'esprit. » La simplicité, c'est la parure et la grâce de ses récits ; la science, on la trouve dans les notes qui suivent ses contes, et où il donne l'origine et l'histoire de chacun.

Tout en imprimant ses contes et préparant la publication des lettres de Louis XVI, de Marie-Antoinette et de Madame Élisabeth, M. Feuillet de Conches, plus actif à mesure qu'il vieillissait, semblait obéir à une sorte d'impatience de rendre tous les services qu'on pouvait attendre de lui dans le monde des lettres et des arts. Un imprimeur distingué, M. Henri Plon, participait avec le dévouement d'un ami à cette production incessante du savant écrivain.

« Toute ma vie, dit M. Feuillet à M. Chaix d'Est-Ange, j'ai recueilli des autographes, des documents historiques et des portraits. Il me semble que mes papiers n'appartiennent plus à moi seulement, et que le moment est venu d'en faire confidence au public. »

C'est dans la dédicace qui précède ses *Causeries d'un Curieux* que M. Feuillet écrit ces lignes. Puis, après avoir fait ressortir l'importance des autographes, il trace les grandes lignes de son ouvrage, et ajoute, avec un sentiment de touchante mélancolie : « Tel est le projet qu'avait conçu depuis longtemps ma curiosité solitaire, un de ces projets lointains qu'elle avait formés pour les années de retraite et de repos, ces années qu'on ajourne toujours et qui ne viennent jamais. Le repos ne vient pas, mais les années s'accumulent; la génération à laquelle j'appartiens s'en va d'où l'on ne revient plus, et j'ai voulu, avant de quitter cette terre, dire un dernier adieu à ce qui a fait le charme de mes loisirs depuis ma jeunesse. C'est en quelque sorte revivre ses plaisirs et se refaire les récréations du point de départ. »

On voit dans quel esprit a été composé l'ouvrage colossal publié par M. Feuillet de Conches sous le titre de *Causeries d'un Curieux:* « J'ai écrit pour mon plaisir, dit-il avec Edw. Moore, et je publie pour le plaisir des autres. » Mais ce n'est pas seulement une distraction agréable que trouveront « les autres » dans son livre, c'est une abondance inépuisable de documents de toute sorte et toujours du plus haut intérêt, éclairés par une science aussi sûre que variée sur tous les temps, sur tous les pays, sur tous les sujets. Rien n'y est moins imprévu que l'imprévu, grâce à la libre allure d'une causerie qui a le droit de suivre toutes ses fantaisies, de céder à tous ses caprices. Si certaines matières sont traitées en courant, d'autres sont creusées, fouillées, épuisées. Vingt fois on pourra prendre, quitter, reprendre l'ouvrage, vingt fois on apprendra quelque chose de nouveau qui, au milieu de si abondantes richesses, avait passé d'abord inaperçu.

L'ouvrage forme quatre volumes, chacun est suivi d'une table analytique, tous sont accompagnés de fac-simile qui en augmentent la valeur.

Toutes les pièces publiées dans les *Causeries d'un*

Curieux n'appartenaient pas au cabinet de M. Feuillet: ainsi huit lettres de Montaigne et un certain nombre d'autres, signées de personnages éminents du seizième siècle, font partie des archives du prince de Monaco, qui en permit la copie et l'impression. M. Feuillet enchâssa tous ces documents dans un texte explicatif, et inséra son travail dans le troisième volume des *Causeries;* par un sentiment délicat, avant de le faire paraître, il se réserva un tirage à part à 250 exemplaires, et le plaça sous le patronage du prince de Monaco, dont il reconnut de la sorte le service rendu aux lettres.

Entre temps, et comme en se jouant, il associa ses recherches à celles d'Armand Baschet, et donna au public un ouvrage dont le sujet parut aux deux collectionneurs si peu digne de leur gravité qu'ils ne crurent pas pouvoir le signer. Je veux parler du livre intitulé: *Les femmes blondes, selon les peintres de l'école de Venise, par deux Vénitiens.* Paris, A. Aubry, 1865, in-8°.

Cet ouvrage, épuisé dès la première heure, ne se trouve que rarement dans les ventes, et il y atteint un prix élevé : c'est dire le succès qu'il obtint, sans y être aidé par le nom des auteurs.

Il fut composé à l'occasion de la mode naissante en France de porter des cheveux blonds, soit que les femmes teignissent leurs cheveux noirs ou châtains, soit qu'elles eussent recours à des drogues pour les décolorer. Après avoir passé en revue les femmes blondes les plus célèbres depuis l'antiquité la plus reculée et leur avoir opposé la beauté des femmes brunes comme Julie d'Angennes et Ninon de Lenclos, les deux Vénitiens nous promènent au milieu des œuvres de l'art et de la poésie, font une rapide histoire de la coiffure et recherchent les secrets mirifiques recueillis par nombre de médecins pour favoriser le culte de la chevelure blonde.

Nous aurions voulu donner ici la dernière page de l'ouvrage de MM. Feuillet de Conches et Armand Baschet, non la dernière page du livre, car à celui-ci se rattache un appendice tout rempli de poésies *curieuses*, de recettes souveraines, d'anecdotes intéressantes; mais un scrupule nous retient : cette dernière page, où sont tracés, d'une main émue et reconnaissante, les portraits de ses deux filles et celui d'une amie, blesserait peut-être, reproduite ici, des sentiments de modestie dont nous devons respecter jusqu'à l'excès même.

Le livre des *Femmes blondes* était jeu d'artistes et d'érudits. En l'écrivant, M. Feuillet se délassait du long travail que lui avaient imposé la mise en ordre et la publication de la correspondance de Louis XVI, de Marie-Antoinette et de Madame Élisabeth.

C'est dans les Archives de France, d'Autriche, de Russie et de Suède; c'est dans les collections de plusieurs anciennes familles, enfin c'est à l'aide de ses acquisitions personnelles qu'il en avait recueilli les innombrables éléments. Le plus souvent, les lettres se répondent et forment, dit M. Feuillet, comme un vivant dialogue historique. Cette réunion des lettres et des réponses donne au recueil une valeur considérable, et en fait un des documents les plus importants à étudier pour l'histoire du malheureux roi et de sa malheureuse famille.

On a reproché à M. Feuillet de Conches d'avoir admis comme authentiques, sur plus de huit cents lettres, quinze ou vingt qui, paraît-il, ne l'étaient pas. La belle affaire, vraiment, que quinze ou vingt lettres sur cinq gros volumes! Il est étonnant qu'un plus grand nombre ne s'y soient pas glissées, tant est habile l'art des contrefacteurs. Mais avec l'intérêt qu'il avait à ne pas se laisser tromper, avec sa haute expérience qui ne permettait guère aux faussaires de le tromper, M. Feuillet a su éviter le danger; les rares pièces apocryphes qui avaient échappé à sa sagacité étant signalées, le reste doit être considéré comme authentique et rendre aux historiens des services incontestables, rehaussés encore par des commentaires où se fait jour le savoir éclairé de l'auteur. Du reste, il n'accepta pas sans les discuter les attaques, trop passionnées pour être toujours justes, dont il était l'objet; en tête de son troisième volume, et, plus tard, du quatrième, il y fit des réponses souvent victorieuses, et d'où ressort toujours sa complète bonne foi.

La publication des lettres de Louis XVI et Marie-Antoinette, commencée en 1864, occupa M. Feuillet de Conches pendant cinq années.

Le cinquième volume parut en 1869. Mais sans attendre jusque-là, dès l'année précédente, en 1868, il réunit dans un volume à part toute la correspondance de Madame Élisabeth. Sur sa demande, le vénérable archevêque de Paris, Mgr Darboy, le saint martyr de la Commune, lui écrivit, le 10 novembre 1867, une longue lettre qui parut en tête de l'ouvrage, et qui est l'un des meilleurs morceaux sortis de la plume du sage et pieux prélat; elle fut imprimée séparément, pour qu'on pût la joindre au grand ouvrage qui contenait, en même temps que les lettres de Madame Élisabeth, celles de Louis XVI et de Marie-Antoinette.

De même qu'il avait détaché les lettres de Madame Élisabeth de celles de sa famille, les lettres de Montaigne des *Causeries d'un Curieux,* M. Feuillet reprit aussi, dans le quatrième volume de ces mêmes causeries, en la complétant, une *Histoire de l'école anglaise de peinture,* qui parut en 1882. On y retrouve, avec son érudition si consciencieuse, de savantes appréciations du goût le plus délicat.

Cette même année 1882, toujours actif malgré son grand âge, toujours assidu auprès de sa petite table de travail, il écrivait l'histoire des *Salons de conversation au dix-huitième siècle.*

Ce charmant volume, publié par les frères Charavay, tient plus qu'il ne promet; car il remonte au seizième siècle et ne s'arrête qu'au premier quart du dix-neuvième, dans le salon de madame de Cheminot, où nous avons vu l'auteur faire ses débuts dans le monde.

Que n'a-t-il poussé plus loin son étude! Il aurait ouvert au public les portes de ce salon hospitalier où, gracieusement secondé par madame Feuillet de Conches, ses deux filles et plus tard M. Jagerschmidt, son gendre, il renouvelait pour un cercle d'amis choisis, presque tous illustres dans la politique, les arts, les lettres et la magistrature, où il comptait tant d'amis, ces bonnes, ces charmantes soirées de causeries, dont on ne sortait jamais sans emporter le souvenir reconnaissant de tout ce qu'on y avait appris.

M. de Lescure a dit admirablement ce qu'était ce salon aimable, et l'a finement caractérisé; nous lui laissons la parole.

« On y causait avec M. Feuillet de tout et dans tous les genres, hors le genre ennuyeux; on y trouvait des partenaires de toutes les classes de l'Institut, capables de donner ou de demander la réplique à tout savant, à tout artiste et même tout simplement à tout jeune homme avide de s'essayer avec un maître. Et parfois, en verve de libéralité et de belle humeur, le grand amateur, le grand Curieux, prenant lui-même dans ses armoires un recueil précieux d'autographes ou de gravures, en feuilletait les pages avec des doigts émus, les caressant de l'œil avec volupté et déployant pour le groupe de femmes et d'hommes qui se pressait autour de lui tout ce que l'enthousiasme du dilettantisme peut donner d'éloquence, de virtuosité à la parole d'un homme de goût. »

Un seul travail, commencé, mais non achevé, et dont madame de Lafayette était l'objet, s'est trouvé dans ses papiers, œuvre de la dernière heure : un écrivain ami, M. de Lescure, s'est chargé de le publier. On y verra que l'auteur avait conservé tout son savoir, toute sa conscience, et qu'il aurait pu signer dans son âge mûr un ouvrage qui fait honneur à sa verte vieillesse.

Nous avons présenté surtout M. Feuillet de Conches comme écrivain; il nous est interdit, par sa discrétion même, de parler de sa vie publique et des hautes fonctions qu'il eut à remplir. Il fut pendant soixante ans attaché au ministère des Affaires étrangères, depuis le 25 juin 1814, où il entra comme employé au bureau des passe-ports et légalisations ; dix ans plus tard, le 23 juin 1824, il passait au bureau du protocole et en devenait le chef, le 1er avril 1832 ; en 1844, le 1er septembre, il recevait le titre de sous-directeur ; il était nommé directeur le 27 décembre 1869, et enfin ministre plénipotentiaire. Il était en même temps maître des cérémonies et introducteur des ambassadeurs. Enfin le 30 janvier 1874, il quitta le ministère où pendant sa longue carrière il avait rendu tant d'excellents services. « Il était, dit M. John Lemoinne dans le *Journal des Débats,* le plus ancien fonctionnaire du ministère des Affaires étrangères. Tous les grands actes politiques, depuis les traités de la Restauration jusqu'à ceux de 1871, lui avaient passé par les mains. Comme chef du protocole et introducteur des ambassadeurs, il avait acquis une véritable autorité sur toutes les chancelleries. »

Un autre écrivain, M. de Lescure, apprécie ainsi les rares qualités qui lui permirent de donner tant d'éclat à ses hautes fonctions :

« De bonne heure la politesse la plus raffinée, la courtoisie la plus ingénieuse, la science et la pratique des traditions en matière d'étiquette, de protocole, de préséance, de bienséance, n'eurent plus de secret pour lui. Il avait débarrassé le langage diplomatique des formules surannées, et avait animé d'un esprit tout moderne la froideur hiératique de l'antique cérémonial. Aussi franchit-il vite les premiers degrés de la hiérarchie et fut-il bientôt assuré de la meilleure des inamovibilités, celle du mérite et des services.

« Les révolutions ont passé, les gouvernements se sont succédé, et pendant soixante ans, de 1814 à 1874, Feuillet de Conches est demeuré assis dans ce cabinet, qui était souvent transformé par la conversation des gens d'esprit, heureux de le fréquenter, en véritable salon. Il ne le quittait que pour procéder d'un pas alerte, d'un visage souriant, d'un œil qui voyait tout, d'une oreille qui entendait tout, à ses fonctions de cour, où il apportait la dignité d'une expérience sans oubli, la grâce d'un tact sans erreur, le charme d'un esprit qui attirait par la bienveillance et ne se défendait que par la malice. »

Éloigné de Paris pendant ces dernières années, celui qui écrit ces lignes n'eut plus que de rares relations avec M. Feuillet de Conches; mais il était toujours heureux de retrouver, travaillant comme à vingt ans et prêchant d'exemple, un homme dont la fidèle amitié lui était un grand honneur. C'est avec une vive douleur qu'il apprit une perte à laquelle l'âge même de l'illustre vieillard ne l'avait pas préparé. Il voulut savoir comment s'était éteinte une vie si bien remplie : la lettre qu'il reçut intéressera, comme lui, tous les amis de M. Feuillet, et il se fait un devoir de la transcrire ici, pour donner satisfaction à leur affectueuse curiosité :

« Grâce à vous, cher Monsieur, mon père tiendra encore une petite place dans le souvenir de ses amis, qui, du reste, lui ont été bien fidèles jusqu'à la fin. De contemporains, il n'en avait plus que bien peu ; mais fils et petits-fils de ceux qui n'existaient plus lui sont toujours restés attachés.

« Il aimait beaucoup la jeunesse. Quand ma sœur a eu sa fille aînée, il nous a dit bien des fois : « Comme je voudrais vivre assez pour la voir à dix-huit ans! » Elle en a eu dix-neuf quelques jours après sa mort, et, pendant les trois derniers jours de sa vie, il la voyait assise près de lui, ne le quittant ni jour ni nuit. Madeleine et Jean ont été aussi pour lui une grande source de joie dans ses dernières années. Cet enfant, qui vient seulement d'avoir sept ans, avait, dès l'âge le plus tendre, considéré son grand-père comme quelqu'un qui méritait plus de soin qu'un autre, et il n'y avait pas d'attentions qu'il n'eût pour lui. C'était plaisir de les voir, l'été dernier, l'un de quatre-vingt-sept ans et l'autre de six ans, s'intéressant aux mêmes choses, regardant les mêmes images, et se mettant à la portée l'un de l'autre.

« Il a été bien entouré, et, j'espère, bien heureux dans sa vieillesse. L'infirmité de ses jambes ne lui a pas été pénible : nous les lui remplacions autant que possible, et Dieu lui a laissé ses yeux et ses mains, ce qui suffisait à ce besoin de travail inhérent à sa nature.

« Depuis quelques mois seulement, sa belle écriture avait bien changé, et je crois que, lorsqu'il s'en est aperçu, il a eu le sentiment que c'était le terme de sa vie. Cette difficulté d'écrire, pendant les dernières semaines, l'a sûrement aidé à en faire le sacrifice. Il eût été trop malheureux de ne plus rien faire. Nous remercions Dieu de nous l'avoir laissé tout entier jusqu'au bout, et de lui avoir donné le calme et la paix.

« Nous recevons tous les jours des témoignages d'affection qui nous touchent beaucoup, et si mon pauvre père a su rendre bien des services, il a rencontré bien de la reconnaissance. »

PARIS. TYPOGRAPHIE E. PLON, NOURRIT ET Cie
RUE GARANCIÈRE, 8.

www.ingramcontent.com/pod-product-compliance
Ingram Content Group UK Ltd.
Pitfield, Milton Keynes, MK11 3LW, UK
UKHW021518260726
13993UKWH00004B/1739

9 782329 553696